De la brevedad de la vida
Versión completa
De Séneca

+ Un camino para aprender a vivir el presente

ÍNDICE:

LA BREVEDAD DE LA VIDA

I. La mayoría de los seres humanos, querido Paulino, se lamenta de la injusticia de la naturaleza, porque entramos en este mundo por un breve período, y el tiempo que se nos concede pasa tan rápidamente, tan velozmente que, salvo unos pocos individuos, la vida abandona a los demás justo al comienzo de su recorrido. No solo la gente común e ignorante se queja de esta desgracia común, sino que también personas de gran relevancia comparten este sentimiento. De aquí la célebre afirmación del más eminente de los médicos, que la vida es breve, mientras que el arte es largo; de aquí la discusión poco decorosa del severo Aristóteles con la naturaleza de las cosas, porque ella ha sido tan generosa con los animales, que pueden vivir muchas generaciones, mientras que ha concedido un tiempo mucho más corto al hombre, destinado a realizar grandes hazañas. No disponemos de poco tiempo, sino que desperdiciamos mucho. La vida es suficientemente larga y se nos ha dado en abundancia para realizar grandes obras, si se empleara íntegramente con diligencia; pero cuando se desperdicia en ocio e indiferencia, o no se dedica a nada bueno, nos damos cuenta, al final, que ha transcurrido sin que nos diéramos cuenta. No se nos da una vida corta, sino que la hacemos tal; no somos pobres de tiempo, sino que lo desperdiciamos. Así como grandes riquezas confiadas a un mal administrador se disipan rápidamente, nuestra vida se extingue para quien no sabe cómo gestionarla bien.

II. ¿Por qué nos quejamos de la naturaleza de las cosas? Ella ha sido generosa: la vida es larga, si sabemos cómo utilizarla. Hay quienes están atrapados por una codicia insaciable, otros por las preocupaciones inútiles de una vida frenética; uno está embriagado por el vino, otro languidece en la inercia; uno está afligido por la ambición dependiente del juicio ajeno, otro está abrumado por el deseo de ganar a través

De la brevedad de la vida

del comercio en todas partes del mundo; algunos están atormentados por la sed de guerra, deseosos de procurar peligros a los demás o preocupados por los suyos propios; hay otros que se consumen en el servilismo ingrato de los poderosos, en una esclavitud voluntaria; muchos son prisioneros del deseo de la belleza ajena o de cuidar la suya propia; la mayoría es impulsada a cambiar de opinión por una ligereza inestable e insatisfecha de sí misma; algunos no tienen nada a qué dedicarse, pero son sorprendidos por el destino entumecidos y perezosos. No tengo ninguna duda de que es cierto lo que se dice, bajo forma de oráculo, en el más grande de los poetas: "Pequeña es la porción de vida que vivimos". De hecho, todo el tiempo restante no es vida, sino existencia vacía. Los vicios nos rodean por todas partes y no nos permiten elevarnos ni discernir la verdad, sino que nos aplastan sumergiéndonos en los placeres. Si alguna vez encuentran un momento de tregua, es como en mar abierto, donde después de la tormenta todavía hay olas: fluctúan y nunca encuentran paz en sus pasiones. ¿Crees que hablo solo de aquellos cuyos males son evidentes? Mira a aquellos que son recibidos por su buena suerte: están ahogados por sus bienes. ¡Cuántos encuentran las riquezas un peso! ¡Cuántos están exhaustos por la elocuencia y la continua ostentación de su ingenio! ¡Cuántos están pálidos por los continuos placeres! ¡A cuántos no les deja un momento de respiro la multitud de clientes! Examina a todos ellos, desde los más humildes hasta los más poderosos: uno busca un abogado, otro está presente, uno muestra las pruebas, otro defiende, otro es juez, nadie reivindica para sí su propia libertad, cada uno se consume por los demás. Infórmate sobre ellos, de quienes aprendes los nombres: verás que se reconocen por estos signos - este es devoto de aquel, aquel de otro; nadie es dueño de sí mismo. En resumen, es extremadamente irrazonable la indignación de algunos: se quejan de la arrogancia de los poderosos, porque no tienen tiempo para satisfacer sus deseos. ¿Se atreve a quejarse de la soberbia ajena quien no tiene tiempo para sí mismo? Aquel, quienquiera que sea, a veces te ha mirado, te ha escuchado, te ha recibido; tú nunca has tenido tiempo de mirarte a ti mismo, de escucharte. No hay razón entonces para recriminar a nadie estos servicios, ya que los has prestado no por deseo de estar con otros, sino porque no podías estar contigo mismo.

III. Aunque los más ilustres ingenios que jamás han existido estén de acuerdo en este punto, nunca dejarán de maravillarse de esta ceguera de las mentes humanas: no toleran que sus posesiones sean invadidas por nadie y, si hay incluso una mínima disputa sobre los límites, se lanzan a las piedras y a las armas; permiten que otros invadan su vida, es más, ellos mismos hacen entrar a los futuros dominadores; nadie está dispuesto a dividir sus bienes; a cuántos distribuyen su vida! Son avaros en mantener sus bienes; apenas se trata de la pérdida de tiempo, se vuelven muy pródigos en lo único en lo que la avaricia es una virtud. Y así me gusta citar a uno de la multitud de ancianos: "Vemos que has llegado al final de la vida, tienes cien o más años: haz un balance de tu vida. Calcula cuánto de este tiempo han sustraído los acreedores, cuánto las mujeres, cuánto los amos, cuánto los clientes, cuánto las disputas con tu esposa, cuánto los castigos de los siervos, cuánto las visitas formales; añade las enfermedades que nos hemos procurado, añade el tiempo desperdiciado: verás que tienes menos años de los que cuentas. Vuelve con la mente a cuando has sido firme en un propósito, a cuántos pocos días se han desarrollado como habías planeado, a cuando has tenido la disponibilidad de ti mismo, a cuando tu rostro no ha cambiado de expresión, a cuando tu ánimo ha sido valiente, qué has logrado en un período tan largo, cuántos han depredado tu vida mientras no te dabas cuenta de lo que estabas perdiendo, cuánto ha sustraído una vana tristeza, una alegría

De la brevedad de la vida

estúpida, un anhelo, una discusión placentera, cuánto poco te ha quedado: entenderás que estás muriendo prematuramente". Entonces, ¿cuál es el motivo? Viven como si debieran vivir eternamente, nunca piensan en su caducidad, no prestan atención a cuánto tiempo ya ha pasado; lo pierden como si fuera una renta rica y abundante, cuando tal vez ese mismo día, que se dona a una cierta persona o actividad, es el último. Tienen miedo de todo como mortales, desean todo como inmortales. La mayoría dirá: "De los cincuenta años en adelante descansaré, a los sesenta me retiraré a la vida privada". Pero, ¿qué garantía tienen de una vida tan larga? ¿Quién permitirá que estas cosas vayan como las han planeado? ¿No se avergüenzan de reservar para ustedes mismos solo los restos de la vida y de destinar a la sana reflexión solo el tiempo que no puede ser utilizado en ninguna otra cosa? ¡Qué tarde es entonces, comenzar a vivir, cuando ya se debe terminar! ¡Qué costumbre tan tonta de la naturaleza humana es la de diferir los buenos propósitos hasta los cincuenta y sesenta años, y luego querer empezar la vida allí donde pocos han llegado!

IV. Escucharás palabras que escapan de las bocas de los hombres más poderosos y prestigiosos que aspiran al tiempo libre, lo elogian y lo consideran superior a todos sus bienes. A veces desearían bajar de ese pedestal, si pudieran hacerlo con seguridad; de hecho, aunque nada presione y moleste desde el exterior, la fortuna se abate sobre sí misma. El emperador Augusto, a quien los dioses concedieron más que a cualquier otro, nunca dejó de desear el descanso y de pedir ser relevado de los compromisos públicos; todos sus discursos volvían siempre sobre esto, la esperanza del tiempo libre: aliviaba sus fatigas con esta consolación, aunque ilusoria pero agradable, de que algún día viviría para sí mismo. En una carta enviada al Senado, después de prometer que su descanso no sería indecoroso ni contrario a su gloria pasada, encontré estas palabras: "Pero sería más hermoso poder realizar estas cosas que prometerlas. Sin embargo, el deseo de ese tiempo tan ansiado me ha llevado, puesto que hasta ahora la alegría de la realidad se hace esperar, a anticipar un poco de placer con la dulzura de las palabras". Tan grande le parecía el tiempo libre que, ya que no podía disfrutarlo, lo anticipaba con la imaginación. Aquel que veía todo depender de sí mismo, que establecía el destino de los hombres y de los pueblos, pensaba en aquel felicísimo día en que abandonaría su grandeza. Sabía por experiencia cuánto cuestan esos bienes resplandecientes en todo el mundo, cuántas fatigas ocultas encierran. Obligado a luchar primero con los conciudadanos, luego con los colegas, finalmente con los parientes, derramó sangre por tierra y mar: después de atravesar en guerra Macedonia, Sicilia, Egipto, Siria y Asia y casi todas las costas, volvió contra los extranjeros a los ejércitos cansados de masacres romanas. Mientras pacificaba los Alpes y domaba a los enemigos mezclados con la paz y el imperio, mientras movía las fronteras más allá del Rin, el Éufrates y el Danubio, en Roma se afilaban contra él los puñales de Murena, Cepión, Lépido, Egnacio y otros. No había aún escapado de las insidias de estos cuando su hija y tantos jóvenes nobles ligados por el adulterio como por un juramento aterrorizaban su fatigada edad, y nuevamente una mujer era de temer con un Antonio. Había eliminado estas heridas de su propio cuerpo: otras renacían; como un cuerpo lleno de demasiada sangre, siempre se laceraba en alguna parte. Y así anhelaba el tiempo libre, en cuya esperanza y pensamiento calmaba sus aflicciones: este era el voto de quien podía satisfacer los deseos de los demás.

V. Marco Cicerón, sacudido entre Catilina y Clodio y luego entre Pompeyo y Craso, aquellos enemigos declarados, estos amigos inciertos, mientras fluctuaba con el Estado y lo sostenía mientras se hundía, al final abrumado, no sereno en la buena

De la brevedad de la vida

fortuna e incapaz de soportar la mala, ¡cuántas veces maldice contra su propio consulado, alabado no sin razón pero sin fin! Qué dolientes palabras expresa en una carta a Ático, después de haber vencido a Pompeyo padre, mientras en España el hijo reorganizaba los ejércitos desbaratados. "Me preguntas" dice "¿qué hago aquí? Estoy medio libre en mi finca de Tusculano". Luego añade otras palabras, con las que lamenta el tiempo pasado, se queja del presente y desespera del futuro. Cicerón se definió semilibre: pero, por Diana, jamás un sabio usará un adjetivo tan mortificante, jamás será medio libre, será siempre poseedor de una libertad total y absoluta, libre de su propio poder y por encima de todos. ¿Qué puede haber por encima de quien está por encima de la fortuna?

VI. Livius Drusus, hombre inflexible e impulsivo, después de haber derogado las nuevas leyes y aplacado las revueltas de los Gracos, presionado por una gran coalición de toda Italia, incapaz de prever el desenlace de los eventos que ya no podía gestionar y de los que no podía retirarse, se dice que, maldiciendo su vida agitada desde el principio, lamentó que desde la infancia nunca le hubieran concedido momentos de descanso. De hecho, aún joven, se atrevió a interceder por los acusados en los tribunales y usó su influencia en el foro con tal eficacia que algunas sentencias fueron influenciadas por él. ¿Qué destino podía esperarse de una ambición tan precoz? Es evidente que una audacia tan temprana solo podría causar daños graves, tanto públicos como privados. Por eso lamentarse de no haber tenido nunca vacaciones desde niño parecía tardío, siendo ya un litigante de peso en el foro desde la juventud. Se discute si se quitó la vida; de hecho, herido repentinamente en la ingle, colapsó, y hay quienes dudan de que su muerte fuera voluntaria, pero nadie puede decir que fuera apropiada. Es inútil recordar cuántos, aunque parecieran felices a los ojos de los demás, en realidad rechazaron todas las acciones de su vida; pero con tales lamentos

De la brevedad de la vida

no cambiaron ni a sí mismos ni a los demás: una vez que las palabras han volado, los afectos volverán según su modo de vida habitual. Por Diana, aunque tu vida superara los mil años, aún así se reduciría a un período brevísimo: estos vicios devorarían cada siglo; de hecho, este tiempo, que la naturaleza hace fluir pero que la razón podría alargar, está destinado a escapar rápidamente: no puedes atraparlo, retenerlo ni ralentizarlo, pero lo dejas ir como una cosa inútil e irrecuperable.

VII. Entre los primeros menciono a aquellos que no encuentran tiempo para nada más que para el vino y los placeres carnales; de hecho, nadie está ocupado de manera más vergonzosa. Los demás, aunque están obsesionados con un fugaz deseo de fama, al menos se equivocan con cierta elegancia; menciona también a los avaros, los iracundos o aquellos que cultivan rencores injustos o conflictos, todos ellos pecan de manera más viril: la culpa de aquellos que se dedican al vientre y a los placeres es innoble. Examina los días de estas personas, observa cuánto tiempo desperdician en pensar en su propio interés, cuánto en tejer engaños, cuánto en temer, cuánto en ser serviles, cuánto les ocupan sus promesas y las de los demás, cuánto los banquetes, que ahora también se han convertido en obligaciones: verás cómo sus males o bienes no les permiten respirar. Finalmente, todos están de acuerdo en que nada puede ser bien gestionado por un hombre ocupado, ni la elocuencia, ni las artes liberales, pues una mente enfocada en demasiadas cosas no puede absorber nada en profundidad, sino que rechaza todo como si fuera introducido a la fuerza. Nada es menos importante para un hombre ocupado que vivir: de nada es más difícil el conocimiento. En todas partes hay muchos maestros de otras artes, y algunas de ellas parecen ser tan bien asimiladas por los niños que ellos mismos podrían enseñarlas: toda la vida debemos aprender a vivir y, algo que tal vez te sorprenda, toda la vida debemos aprender

De la brevedad de la vida

a morir. Tantos hombres ilustres, después de haber superado todos los obstáculos y renunciado a riquezas, cargos y placeres, solo a esto han aspirado hasta el último momento, a saber vivir; sin embargo, muchos de ellos se han ido confesando que aún no lo han aprendido, mucho menos lo saben estos otros. Créeme, es propio de un gran hombre, que se eleva por encima de los errores humanos, no permitir que nada le sea sustraído de su tiempo, y su vida es muy larga por esto, porque, por más que se haya prolongado, la ha dedicado toda a sí mismo. Ningún período, por lo tanto, ha quedado desatendido e inactivo, ninguno bajo la influencia de otros; de hecho, no encontró nada que fuera digno de ser cambiado por su tiempo, del cual era celosísimo guardián. Por eso le fue suficiente. Pero es inevitable que haya faltado a aquellos, de cuya vida mucha gente ha sustraído tanto tiempo. Y no pienses que alguna vez no comprenden su propio daño; ciertamente escucharás a la mayoría de aquellos, sobre quienes pesa una gran fortuna, entre la multitud de clientes o la gestión de causas o entre las otras dignas miserias, exclamar de vez en cuando: "No se me permite vivir." ¿Y por qué no se les permite? Todos aquellos que te llaman a sí, te alejan de ti mismo. ¿Cuántos días te ha sustraído ese acusado? ¿Cuántos ese candidato? ¿Cuántos esa vieja cansada de enterrar herederos? ¿Cuántos aquel que se ha fingido enfermo para suscitar la codicia de los cazadores de testamentos? ¿Cuántos ese influyente amigo, que te tiene no por amistad sino por conveniencia? Haz un balance, te digo, y haz un inventario de los días de tu vida: verás que han quedado muy pocos y mal gastados. Aquel que, después de obtener los cargos que había deseado, desea abandonarlos y repetidamente dice: "¿Cuándo terminará este año?" Aquel otro que organiza los juegos, cuyo resultado le importaba tanto, dice: "¿Cuándo los evitaré?" Ese abogado es disputado en todo el foro y con gran aglomeración todos se amontonan hasta donde puede ser escuchado; dice: "¿Cuándo serán proclamadas las vacaciones?" Cada uno consume su propia vida y se atormenta por el deseo del futuro y por el tedio del presente. Pero aquel que utiliza todo su tiempo para sí mismo, que planea cada día como una vida, no desea el mañana ni lo teme. ¿Qué puede haber que alguna hora de nuevo placer pueda aportar? Todo es conocido, todo ha sido saboreado hasta la saciedad. Por lo demás, la buena fortuna disponga como quiera: la vida ya está a salvo. A ella se puede añadir, pero nada quitar, y añadir así como a la comida de uno ya saciado y lleno, que no la desea pero la acoge. Por lo tanto, no hay motivo para que pienses que alguien ha vivido mucho tiempo por tener canas o arrugas: ese no ha vivido mucho, sino que ha estado vivo mucho tiempo. Y así como puedes pensar que ha navegado mucho alguien que una violenta tormenta ha sorprendido fuera del puerto y lo ha arrojado de un lado a otro y lo ha hecho girar en círculo dentro del mismo espacio, a merced de vientos que soplan desde direcciones opuestas. No ha *navegado mucho, sino que ha sido sacudido mucho.*

VIII. Siempre me sorprende ver a algunos pedir tiempo y a aquellos a quienes se les pide ser tan complacientes; uno y otro miran la razón por la cual se pide el tiempo, ninguno de los dos a su esencia: lo piden como si fuera nada, lo conceden como si fuera nada. Se juega con la cosa más preciosa de todas; sin embargo, el tiempo los engaña, ya que es algo incorpóreo, porque no cae bajo los ojos, y por lo tanto se considera algo de poco valor, incluso casi no tiene ningún precio. Los hombres aceptan sueldos anuales y dádivas como cosas de gran valor y en ellas depositan sus esfuerzos, su trabajo y su esmerada atención: nadie considera el tiempo: lo usan de manera demasiado imprudente, como si fuera un bien gratuito. Pero mira a estos cuando están enfermos, si el peligro de la muerte amenaza muy de cerca, aferrados a las rodillas de los médicos, si temen la pena capital, dispuestos a desembolsar todas sus posesiones con tal de vivir: cuánta contradicción se encuentra en ellos. Si de alguna manera se pudiera poner delante de cada uno el número de años pasados de cada uno, así como los futuros, cómo temblarían aquellos que vieran quedar pocos años, cómo los ahorrarían. Sin embargo, es fácil gestionar lo que es seguro, por más exiguo que sea; se debe cuidar con mayor diligencia lo que no sabes cuándo terminará. Y no hay motivo para que creas que no saben qué cosa preciosa es: suelen decir, a aquellos que aman más intensamente, estar dispuestos a dar parte de sus años. Los dan y no comprenden: es decir, los dan de manera que se los quitan a sí mismos sin aumentar aquellos. Pero no se dan cuenta de quitárselos; por eso les resulta soportable la pérdida de un daño oculto. Nadie te devolverá los años, nadie te devolverá a ti mismo; la vida seguirá por donde ha comenzado y no cambiará ni detendrá su curso; no hará ningún ruido, no dejará ningún rastro de su velocidad: fluirá silenciosamente; no se extenderá más ni por orden de reyes ni por favor del pueblo: procederá tal como ha comenzado desde el primer día, nunca cambiará de rumbo, nunca se demorará. ¿Qué sucederá? Estás totalmente ocupado, la vida se apresura: mientras tanto, se acercará la muerte, para la cual, quieras o no, debes tener tiempo.

IX. ¿Qué podrías imaginar más insensato que aquellos hombres que presumen de su previsión? Están ocupados frenéticamente: para poder vivir mejor, organizan la vida a expensas del presente. Hacen planes a largo plazo; por otra parte, la mayor desgracia de la vida es posponerla continuamente: ante todo este hecho pospone cada día, destruye el presente mientras promete el futuro. El mayor obstáculo para vivir es la espera, que depende del mañana, pero pierde el hoy. Dispones lo que está en manos del destino y descuidas lo que está en tu poder. ¿A dónde quieres apuntar? ¿A dónde quieres llegar? Todos los acontecimientos futuros están envueltos en incertidumbre: vive sin detenerte. Aquí está, grita el sumo poeta, y

De la brevedad de la vida

como inspirado por boca divina, eleva un canto salvador: "Los primeros en huir para los infelices mortales son los mejores días de la vida." Dice: "¿Por qué dudas? ¿Por qué te demoras? Si no te apropias de ellos, (los mejores días) huyen." Y aun cuando te los hayas apropiado, ellos huirán: por lo tanto, hay que luchar contra la velocidad del tiempo y aprovecharlos rápidamente, como de un torrente impetuoso que no fluye para siempre. También es muy significativo que para reprochar una demora interminable, diga no "el mejor tiempo", sino "los mejores días." ¿Por qué tú, tranquilo e indiferente en el tanto huir del tiempo, te proyectas para ti una larga serie de meses y años, según parezca oportuno a tu avidez? Virgilio te habla de un día y de un día que huye. ¿Hay entonces duda de que los mejores días huyen a los hombres desafortunados, es decir, a los ocupados? Sobre sus ánimos aún infantiles presiona la vejez, a la cual llegan desprevenidos e indefensos; de hecho, nada ha sido previsto: de repente y sin esperarlo se toparon con ella, no se daban cuenta de que se acercaba día tras día. De la misma manera en que un discurso o una lectura o un pensamiento bastante intenso engaña a quien recorre un camino y se da cuenta de haber llegado antes de acercarse (a la meta), así este viaje de la vida, constante y rapidísimo, que recorremos con la misma velocidad despiertos y dormidos, no se manifiesta a los ocupados sino al final.

X. Si quisiera dividir lo que he expuesto y las argumentaciones, muchas cosas me vendrían en ayuda para demostrar que la vida de los ocupados es muy corta. Solía afirmar Fabianus, quien no forma parte de estos filósofos académicos sino de aquellos genuinos y de la vieja escuela, que contra las pasiones hay que combatir instintivamente, no con sutileza, y rechazar su grupo no con pequeños golpes, sino con un asalto: de hecho, deben ser aplastadas, no pinchadas. Sin embargo, para reprocharles su error, no hay que tanto reprenderlas como enseñarles. La vida se divide en tres tiempos: pasado, presente y futuro. De estos, el presente es breve, el futuro incierto, el pasado seguro. Solo sobre este último, de hecho, la fortuna ha perdido su autoridad, porque no puede ser reducido al poder de nadie. Esto es lo que descuidan los ocupados: de hecho, no tienen tiempo de mirar al pasado y, si lo tuvieran, sería desagradable el recuerdo de un hecho del cual arrepentirse. Por lo tanto, de mala gana vuelven el ánimo a momentos mal vividos y no se atreven a reexaminar cosas, cuyos vicios se manifiestan al repensarlas, incluso aquellos que se ocultan con algún artificio del placer presente. Nadie, excepto aquellos que siempre han actuado según su propia conciencia, que nunca se engaña, se vuelve con gusto al pasado; quien ha deseado muchas cosas con ambición, ha despreciado con soberbia, se ha impuesto sin regla ni freno, ha engañado con perfidia, ha sustraído con codicia, ha desperdiciado con ligereza, tiene miedo de su memoria. Y sin embargo, esta es la parte de nuestro tiempo sagrada e inviolable, por encima de todas las vicisitudes humanas, situada fuera del reino de la fortuna, que no turba ni el hambre, ni el miedo, ni el asalto de las enfermedades; no puede ser perturbada ni sustraída: su posesión es eterna e inalterable. Solo uno a uno están presentes los días y momento a momento; pero todos los días del tiempo pasado se presentarán cuando tú se lo ordenes, tolerarán ser examinados y retenidos a tu placer, algo que los ocupados no tienen tiempo de hacer. Es típico de una mente serena y tranquila vagar en cada parte de su propia vida; las mentes de los ocupados, como si estuvieran bajo un yugo, no pueden doblarse ni girarse. Su vida, por lo tanto, precipita en un abismo y así como no sirve de nada, cualquier cantidad que puedas verter dentro, si no hay algo debajo que lo recoja y contenga, de igual manera no importa cuánto tiempo se conceda, si no hay nada donde posarse: se pasa a través de mentes debilitadas y agujereadas. El presente es brevísimo, tanto que a algunos les parece inexistente; de hecho, siempre está en carrera, fluye y se precipita; deja de existir antes de llegar, y no admite demora más que el creado o las estrellas, cuyo movimiento incesante nunca permanece en el mismo lugar. Entonces, a los ocupados solo les pertenece el presente, que es tan breve que no puede ser atrapado y que se escapa a quien está oprimido por muchas ocupaciones.

XI. ¿Quieres saber cuánto poco tiempo viven los ocupados? Mira cuánto desean vivir mucho tiempo. Ancianos decrépitos mendigan con súplicas algunos años más: fingen ser más jóvenes; se halagan con la mentira y se engañan a sí mismos como si pudieran engañar también al destino. Sin embargo, cuando alguna enfermedad les recuerda su mortalidad, mueren aterrorizados, no como saliendo de la vida, sino como si fueran arrancados de ella. Gritan que han sido tontos por no haber vivido verdaderamente y, si se recuperan de la enfermedad, prometen vivir en paz; entonces reflexionan sobre cuántas cosas han acumulado en vano, sin poder disfrutarlas nunca, y sobre cuánto inútil ha sido todo su esfuerzo. Pero para quien vive lejos de todo afán, ¿por qué la vida no debería ser de larga duración? Nada de ella está confiado a otros, nada está disperso aquí y allá, nada está confiado a la fortuna, nada se consume por negligencia, nada se desperdicia por prodigalidad, nada es superfluo: toda la vida, por así decirlo, es productiva. Por lo tanto, por más breve que sea, es más que suficiente, y por eso, cuando llega el día final, el sabio no dudará en enfrentar la muerte con paso firme.

XII. ¿Quizás preguntas a quién defino como ocupados? No pienses que incluyo solo a aquellos que solo los perros pueden ahuyentar de la basílica, a los que ves ser arrollados por su propia multitud de clientes o, más vergonzosamente, en la de los clientes ajenos, a aquellos que los compromisos empujan fuera de sus casas para aplastarlos con los negocios de otros, o a aquellos que la subasta del pretor hace tribular con una ganancia deshonrosa y

De la brevedad de la vida

destinada un día a corromperse. El tiempo libre de algunos está completamente ocupado: en su villa o en su cama, incluso en soledad, son fastidiosos para sí mismos: su vida no es ociosa sino un afanarse inútilmente. ¿Puedes llamar ocioso a quien dispone meticulosamente bronzes de Corinto, apreciados solo por unos pocos, y desperdicia gran parte de sus días entre piezas viejas y oxidadas? ¿A quien en el gimnasio (ay, ni siquiera los vicios que sufrimos son romanos) se sienta como espectador de jóvenes que luchan? ¿A quien ordena los rebaños de sus animales en pares de la misma edad y color? ¿A quien alimenta a los atletas que quedaron en último lugar? ¿Y qué decir de quien pasa muchas horas con el barbero, mientras se le extrae algo que ha brotado durante la noche, mientras se discute cada cabello, mientras se arregla el desorden del cabello o se peina el flequillo de ambos lados? ¡Cómo se enfadan si el barbero ha sido un poco descuidado, como si tosara a un hombre! ¡Cómo se irritan si se corta algo de su cabello, si algo se ha arreglado mal, si todo no cae en perfectos anillos! ¿Quién de estos no preferiría que el Estado estuviera desordenado antes que su cabello? ¿Quién no estaría más preocupado por la elegancia de su cabeza que por su seguridad? ¿Quién no preferiría ser más elegante que digno? ¿A estos los defines ociosos, ocupados entre el peine y el espejo? ¿A aquellos que se dedican a componer, escuchar y aprender canciones, mientras modulan la voz en ritmos muy modestos, cuyos dedos rítmicos tocan siempre alguna melodía interior, y cuyo ritmo silencioso se percibe incluso cuando se dirigen a cosas serias y a menudo tristes? Ellos no tienen tiempo libre, sino ocupaciones vanas. Ciertamente no consideraría los banquetes de estos como tiempo libre, cuando veo con cuánta premura disponen la platería, con cuánta meticulosidad arreglan las túnicas de sus amados, cuánto se preocupan por cómo el jabalí sale de las manos del cocinero, con cuánta solicitud los sirvientes lampiños acuden a sus servicios a una señal, con

De la brevedad de la vida

cuánta maestría se cortan las aves en pedazos regulares, con cuánto celo los infelices niños limpian los escupitajos de los borrachos: buscan fama de elegancia y lujo, y hasta tal punto los siguen sus manías en cada rincón de la vida, que no beben ni comen sin ostentación. Tampoco considerarás ociosos a aquellos que van en litera o en silla de manos y se presentan a la hora de sus paseos como si fuera una obligación, y que otro debe advertirles cuándo deben lavarse, nadar o cenar: y tan débiles son en su delicadeza de ánimo, que ni siquiera se dan cuenta si tienen hambre. Escuché que uno de estos delicados – si es que se puede llamar delicadeza el desaprender la vida y la costumbre humana – transportado en manos desde el baño y colocado en una silla de manos, dijo preguntando: "¿Ya estoy sentado?" ¿Consideras que este que ignora si está sentado sabe si está vivo, si ve y si está ocioso? No es fácil decir si me da más pena si no lo sabía o si fingía no saberlo. Ciertamente sufren de muchas cosas en *realidad el olvido, pero muchas otras las simulan; algunos vicios los tientan como si fueran felicidad; parece que saber lo que haces es propio del hombre humilde y despreciado; ahora ve y cree que los mimos inventan muchas cosas para criticar el lujo. Ciertamente descuidan más de lo que representan y ha aparecido tanta abundancia de vicios increíbles en este solo siglo, que ahora podemos demostrar la negligencia de los mimos. Hay alguien que se consume tanto en refinamientos como para creer a otro si está sentado! Entonces, este no es ocioso, dale otro nombre: está enfermo, más aún está muerto; ocioso es aquel que es consciente de su tiempo libre. Pero este semi-vivo, que necesita de alguien que le haga comprender el estado de su cuerpo, ¿cómo puede ser dueño de ningún momento?*

XIII. Sería largo enumerar uno por uno a aquellos cuya vida ha sido consumida por el ajedrez, la pelota o el cuidado del cuerpo bajo el sol. No son ociosos aquellos cuyos placeres requieren mucho esfuerzo. De hecho, nadie dudará que no hacen nada sin esfuerzo, empeñándose en estudios de obras literarias inútiles, que ya entre los romanos son numerosas. Era una fijación de los griegos preguntarse cuántos remeros tenía Ulises, si la Ilíada fue escrita antes que la Odisea y si eran del mismo autor, y otras cuestiones similares que, si se mantienen para sí, no son de ninguna utilidad y, si se divulgan, no hacen parecer más eruditos sino más pedantes. He aquí que también entre los romanos ha surgido un deseo inútil de aprender cosas superfluas.

Recientemente escuché a un tipo que contaba qué cosas hizo cada general romano primero: Duilio fue el primero en ganar una batalla naval, Curio Dentato fue el primero en introducir elefantes en el desfile del triunfo. Aunque estas cosas, si bien no apuntan a una verdadera gloria, al menos tratan ejemplos de obras civiles, y aunque este conocimiento no será útil, al menos nos entretiene con la vanidad de cosas espléndidas. Perdonamos también a quien se pregunta quién convenció a los romanos por primera vez a subir a un barco (fue Claudio, por eso llamado "Codex23," porque el conjunto de muchas tablas era llamado "código" por los antiguos, de donde los registros públicos se dicen "códigos" y ahora también las naves que transportan mercancías por el Tíber se llaman "codicarias"); ciertamente también esto es importante, que Valerio Corvino fue el primero en derrotar a Messina y el primero de la gens Valeria en ser llamado Messana, habiendo añadido el nombre de la ciudad conquistada al propio, y luego fue llamado Messalla cuando el pueblo modificó ligeramente las letras: pero concederás también a alguien ocuparse del hecho de que Lucio Silla fue el primero en presentar leones libres en el circo, cuando solían mostrarse atados, habiendo recibido del rey Bocco unos arqueros para matarlos? Y perdonamos también esto: tal vez es útil saber que Pompeyo fue el primero en organizar en el circo una batalla entre dieciocho elefantes y unos condenados?

El primero de la ciudad y entre los primeros de los antiguos, como se cuenta, consideró digno de memoria un espectáculo en el que hombres morían de manera nueva. "¿Luchan hasta la muerte? Es poco. ¿Son destrozados? Es poco: ¡sean aplastados por la enorme mole de los animales!". Habría sido mejor que estas cosas fueran olvidadas, para que ningún poderoso en el futuro aprendiera y envidiara tales crueldades. ¡Cuánta neblina ofusca nuestras mentes la gran fortuna! Él entonces pensaba estar por encima de la naturaleza, exponiendo a bestias nacidas bajo cielos extranjeros tantas filas de infelices, organizando combates entre animales tan diferentes, derramando mucha sangre ante el pueblo romano, que pronto lo obligaría a derramar más; pero luego, engañado por la perfidia alejandrina, se ofreció para ser asesinado por el último esclavo, comprendiendo solo entonces la vanagloria inútil de su sobrenombre (Magno).

Pero para volver al punto de donde empecé y para demostrar el celo inútil de algunos, ese mismo tipo contaba que Metelo, después de derrotar a los cartagineses en Sicilia, fue el único entre todos los romanos en llevar frente al carro del triunfo ciento veinte elefantes prisioneros; que Sila fue el último de los romanos en ampliar el pomerio, que nunca fue extendido, por antigua costumbre, con la adquisición de territorio provincial, sino itálico. Saber esto es más útil que saber que el monte Aventino está fuera del pomerio, como ese tipo sostenía, por una de dos razones: o porque la plebe se separó allí, o porque mientras Remo tomaba los auspicios, los pájaros no dieron buenos presagios, y así sucesivamente otras innumerables cosas, que o están llenas de mentiras o son similares a mentiras. De hecho, incluso admitiendo que digan todo esto de buena fe, que escriban cosas que puedan demostrar, sin embargo, ¿a quién estas cosas harán disminuir los errores? ¿A quién frenarán las pasiones? ¿A quién harán más firme, a quién más justo, a quién más altruista? A veces nuestro Fabianus decía dudar si era mejor no acercarse a ningún estudio en lugar de enredarse en estos.

XIV. Solo entre todos son verdaderamente libres aquellos que se dedican a la sabiduría, ellos solos viven; de hecho, no solo custodian bien su propia vida: añaden cada edad a la suya; cualquier cosa de los años pasados que se haya hecho, para ellos es una conquista. Si no somos personas muy ingratas, esos fundadores de doctrinas sagradas nacieron para nosotros, para nosotros han preparado la vida. Somos guiados por el esfuerzo ajeno hacia nobles empresas, sacadas a la luz por su inteligencia; no estamos excluidos de ninguna época, en todas somos recibidos y, si nos gusta elevarnos de la fragilidad humana con la grandeza del alma, hay mucho tiempo a través del cual podemos vagar. Podemos conversar con Sócrates, dudar con Carnéades, descansar con Epicuro, superar con los estoicos la naturaleza humana, ir más allá con los cínicos. Dado que la naturaleza nos permite participar en todo tiempo, ¿por qué no elevarnos con todo nuestro espíritu de este exiguo y fugaz pasar del tiempo hacia aquellas cosas que son inmensas, eternas y compartidas con los mejores?

Aquellos que corren de un lado a otro por los compromisos, que no dejan en paz ni a sí mismos ni a los demás, cuando están completamente enloquecidos, cuando cada día han peregrinado por todas las puertas sin descuidar ninguna, cuando han llevado el saludo interesado a casas lejanas, ¿cuánto y a quién habrán podido ver de una ciudad tan grande y llena de diversas pasiones? ¿Cuántos serán aquellos a los que el sueño, la lujuria o la torpeza rechazarán? ¿Cuántos aquellos que, después de atormentarlos mucho tiempo, los descuidarán con falsa premura? ¿Cuántos evitarán mostrarse en su atrio lleno de clientes y huirán por salidas secretas, como si no fuera más descortés engañarlos que no dejarlos entrar? ¿Cuántos, medio dormidos y fatigados por la comilona del día anterior, a esos desdichados que interrumpen su propio sueño para esperar el de otros, apenas levantando los labios emitirán con arrogantes bostezos el nombre mil veces susurrado!

Se puede decir bien que están verdaderamente ocupados aquellos que quieren ser cada día lo más íntimos posible de Zenón, de Pitágoras, de Demócrito y de los demás maestros de las buenas artes, de Aristóteles y de Teofrasto. Ninguno de ellos no tendrá tiempo, ninguno no saludará al que viene a él más feliz y aficionado a sí mismo, ninguno permitirá que alguien se vaya con las manos vacías; de todos los mortales pueden ser encontrados, de noche y de día.

XV. Ninguno de ellos te obligará a morir,

todos te lo enseñarán; ninguno de ellos desgastará tus años ni te quitará los propios; hablar con ellos nunca será peligroso, su amistad nunca será letal, su consideración nunca será costosa. Obtener de ellos cualquier cosa que desees; dependerá solo de ti cuánto absorbas. ¡Qué alegría, qué serena vejez espera a quien se refugia en su compañía! Tendrá con quién reflexionar sobre los temas más pequeños y los más grandes, a quién consultar cada día sobre sí mismo, de quién escuchar la verdad sin ultraje, de quién ser alabado sin servilismo, a quién conformarse.

Solemos decir que no estaba en nuestro poder elegir a los padres que nos tocaron en suerte: pero se nos permite nacer según nuestra voluntad. Existen familias de excelso ingenio: elige en cuál de ellas quieres ser acogido; no solo serás adoptado en nombre, sino también en los mismos bienes, que no deberán ser custodiados ni con avaricia ni con mezquindad: los bienes se harán más grandes cuanto más los distribuyas. Ellos te indicarán el camino hacia la eternidad y te elevarán a ese lugar del cual nadie es expulsado. Este es el único modo de extender el estado mortal, mejor aún, de transformarlo en estado inmortal. Honores, monumentos, todo lo que la ambición ha establecido con decretos o ha construido con obras, pronto va en ruina, nada puede resistir el paso del tiempo; pero no puede dañar a aquellas cosas que la sabiduría ha consagrado; ninguna época las borrará o disminuirá; la siguiente y las siempre sucesivas las aumentarán en veneración, ya que la envidia domina de cerca, pero admiramos más sinceramente cuando la envidia está distante. Así pues, la vida del sabio se extiende mucho, no está limitada como la de los demás: él solo es libre de las leyes de la naturaleza humana, todos los siglos le están sujetos como a un dios. Pasado un cierto tiempo, lo tiene atado con el recuerdo; el presente, lo utiliza; el futuro, lo anticipa. Su vida se prolonga recogiendo todo el tiempo en uno solo.

De la brevedad de la vida

XVI. Muy breve y agitada es la vida de aquellos que olvidan el pasado, descuidan el presente y temen el futuro: cuando llegan a la última hora, comprenden tarde, infelices, que han estado mucho tiempo ocupados, sin haber obtenido nada. Y no hay motivo para creer que se pueda demostrar que han tenido una larga vida solo porque invocan a menudo la muerte: son atormentados por la ignorancia y por sentimientos inciertos, incurriendo en lo que temen; por eso invocan a menudo la muerte, precisamente porque la temen. No es tampoco prueba de que vivan mucho el oírles decir a menudo que el día parece eterno, y quejarse de la lentitud de las horas cuando llega el momento de la cena; de hecho, si a veces las ocupaciones los dejan, arden abandonados en el tiempo libre y no saben cómo gestionarlo y utilizarlo. Así se vuelven a cualquier actividad, y cada intervalo de tiempo se vuelve para ellos pesado, igual que cuando se fija un día para un espectáculo de gladiadores o cuando esperan un evento o placer futuro, deseando saltar los días intermedios. Cualquier retraso de una cosa deseada les parece largo: pero es breve y rápido ese tiempo que aman, y mucho más breve por culpa de ellos; de hecho, pasan de un interés a otro sin poder detenerse en uno solo. Para ellos, los días no son largos, sino odiosos; pero en cambio, ¡qué breves parecen las noches pasadas en el vino o en el abrazo de las meretrices! De aquí nace también la locura de los poetas, que alimentan con sus fábulas los errores humanos: según ellos, parece que Júpiter, seducido por el abrazo, duplicó el tiempo de una noche. ¿Qué otra cosa es alimentar nuestros vicios si no atribuirles a ellos a los dioses como autores, y dar al mal una justificación divina? ¿Cómo no van a parecer brevísimas las noches compradas a caro precio? Pierden el día en la espera de la noche, y la noche temiendo el día.

XVII. También sus placeres son ansiosos e inquietos por diversos temores, y surge la angustiosa pregunta de quien está en el colmo del placer: "¿Hasta cuándo durará?" De este estado de ánimo, los reyes lloraron su propio poder, no encontrando consuelo en la grandeza de su fortuna, sino temiendo el inminente fin. Habiendo desplegado el ejército a través de enormes territorios, el orgullosísimo rey de los persas derramó lágrimas, porque dentro de cien años ninguno de esos jóvenes sobreviviría: pero él mismo estaba por acelerar el destino de esos hombres, perdiendo a muchos en el mar, otros en tierra, otros en batalla, otros en fuga, llevando rápidamente a la ruina a aquellos por los que temía el centésimo año. ¿Y no son también ansiosas sus alegrías? No se basan en fundamentos sólidos, sino que son turbadas por la misma nulidad de la que nacen. ¿Qué crees que sean los períodos tristes, cuando incluso estos períodos, en los que se enorgullecen y se ponen por encima de la humanidad, son poco verídicos? Todos los bienes más grandes son ansiosos y no hay que confiar en ninguna fortuna, menos en la más favorable: se necesita nueva felicidad para preservar la felicidad y se deben hacer votos precisamente por los votos que han sido cumplidos. De hecho, todo lo que sucede por casualidad es inestable; lo que alcanza la máxima altura, más fácilmente cae en bajo. Ciertamente, las cosas perecederas no traen placer a nadie: es pues inevitable que la vida de aquellos que se afanan por obtener cosas difíciles de mantener sea extremadamente penosa y brevísima. Con dificultad obtienen lo que quieren, ansiosamente gestionan lo que han obtenido; ningún cálculo se hace sobre el tiempo que no volverá jamás: nuevas ocupaciones reemplazan a las viejas, una esperanza despierta la esperanza, una ambición la ambición. No buscan el fin de los sufrimientos, sino que solo cambian la materia. Nuestras cargas nos han atormentado: nos quitan más tiempo las de los demás; hemos dejado de sufrir como candidatos: comenzamos de nuevo como electores; hemos renunciado a la molestia de acusar: caemos en la de juzgar; ha dejado de ser juez: se convierte en inquisidor; ha envejecido en la administración remunerada de los bienes ajenos: está ocupado por sus propios bienes. ¿El servicio militar ha dado de baja a Mario? Lo fatiga el consulado. ¿Quinzio se esfuerza por evitar la carga de dictador? Será llamado desde el arado. ¿Escipión marchará contra los cartagineses aún no maduro para tal empresa; vencedor de Aníbal, vencedor de Antíoco, orgullo de su consulado, garante del de su hermano, si no hubiera habido oposición por su parte, sería colocado junto a Júpiter: las revueltas civiles involucrarán a él, salvador de los ciudadanos, y después de los honores iguales a los dioses, rechazados de joven, ya viejo se complacería en la ostentación de un orgulloso exilio. Nunca faltarán motivos alegres o tristes de preocupación; la vida se arrastrará a través de las ocupaciones: jamás se vivirá el tiempo libre, siempre será deseado.

XVIII. Aléjate pues de la multitud, queridísimo Paulino, y retírate finalmente a un puerto más tranquilo, no por la duración

De la brevedad de la vida

de la vida. Piensa cuántas olas has enfrentado, cuántas tormentas privadas has soportado, cuántas tormentas públicas te has atraído; ya bastante tu valor ha sido demostrado a través de ejemplos arduos y pesados: experimenta lo que puede hacer tu valor sin compromisos. La mayor parte de la vida, sin duda la mejor, ha sido dedicada a la cosa pública: tómate un poco de tiempo también para ti. Y no te invito a una perezosa e inerte inactividad, no para que sumerjas tu vigoroso ánimo en la torpeza y en los placeres queridos por el vulgo: esto no es descansar; encontrarás actividades más importantes que todas las que hasta ahora valientemente has afrontado, que podrás realizar en tranquilidad y reserva. Tú ciertamente administrarás los asuntos del mundo tan desinteresadamente como los de otros, tan escrupulosamente como los tuyos, con tanto celo como públicos. Te ganas la estima en un encargo en el que no es fácil evitar la malevolencia: pero sin embargo, créeme, es mejor conocer el cálculo de la propia vida que el del grano estatal. Aléjate de esta fuerza del ánimo, capaz de las cosas más grandes, de un oficio tan honorable pero poco adecuado para una vida serena y piensa que no te has dedicado, desde la tierna edad, a los estudios liberales para que te fueran confiadas muchas miles de modios de grano: habías aspirado a algo más grande y más elevado. No faltarán hombres de perfecta sobriedad e industriosidad: tanto más aptos para llevar pesos son los lentos mulos que los nobles caballos, cuya generosa agilidad nunca nadie ha oprimido con una pesada carga. Piensa pues cuánto afán es someterte a una carga tan grande: te ocupas del vientre humano; el pueblo hambriento no escucha razones, no es aplacado por la justicia ni doblegado por la súplica. Ahora mismo, en esos pocos días en que murió Cayo César - si hay alguna sensibilidad en el más allá, él mismo calculaba con gratitud que al pueblo romano superviviente le quedaban ciertamente alimentos para siete u ocho días -, mientras une puentes de barcos y juega con los recursos del imperio, se acercaba el peor de los males también para los sitiados, la falta de alimentos; consistía casi en la muerte y en el hambre y, consecuencia del hambre, la ruina de todo y la imitación de un rey insensato y extranjero y tristemente orgulloso. ¿Qué ánimo tenían entonces aquellos a quienes se les había confiado el cuidado del grano público, sujetos a las piedras, al hierro, a las llamas, a Cayo? Con enorme disimulo cubrían un mal tan grande escondido entre las entrañas y con razón; de hecho, algunos males deben ser tratados sin que los enfermos lo sepan: para muchos, la causa de la muerte ha sido conocer su propio mal.

XIX. ¡Refúgiate en estas actividades más serenas, más seguras, más nobles! ¿Crees que es lo mismo preocuparse por que el grano se conserve en los graneros sin ser dañado por el fraude o la negligencia de los transportadores, que no se arruine por la humedad y no fermente, que sea conforme a la medida y el peso, o si te dedicas a estos temas sagrados y sublimes para comprender cuál es la naturaleza de Dios, cuál su voluntad, su condición, su forma; qué destino espera a tu espíritu; a dónde nos lleva la naturaleza una vez salimos de nuestros cuerpos; qué sostiene todo lo que es más pesado en el centro del mundo, qué mantiene suspendidas las cosas ligeras en lo alto, qué hace ascender el fuego, qué guía a los astros en sus recorridos; y así sucesivamente las otras cuestiones llenas de maravilla? ¿Quieres, una vez abandonada la tierra, dedicarte a estas reflexiones? Ahora, mientras la sangre esté caliente y llenos de vigor, debemos aspirar a cosas mejores. En esta vida te esperan muchas buenas actividades: el amor y la práctica de las virtudes, el olvido de las pasiones, saber vivir y saber morir, una profunda serenidad en las cosas.

XX. Ciertamente miserable es la condición de todos los ocupados, pero aún más miserable la de aquellos que ni siquiera se ocupan de sus propios asuntos, que duermen según los ritmos ajenos, caminan al paso de los demás, a quienes se les prescribe cómo amar y odiar, cosas que deberían ser las más espontáneas de todas. Si estos quieren entender cuán breve es su vida, consideren cuán pequeña es su parte. Por lo tanto, cuando veas una toga pretexta ya muchas veces llevada o un nombre famoso en el foro, no sientas envidia: estas cosas se obtienen a expensas de la vida. Para que un solo año sea datado por ellos, consumirán todos sus años. Antes de alcanzar la cumbre de la ambición, algunos son abandonados por la vida mientras aún están en las primeras dificultades; otros, después de haber atravesado mil deshonestidades para alcanzar la posición deseada, se dan cuenta amargamente de haberse condenado por un epitafio; algunos, ya ancianos, debilitados por esfuerzos enormes, ven las nuevas esperanzas de la juventud desvanecerse. Vergonzoso aquel que exhala el último suspiro en el tribunal, en edad avanzada, defendiendo causas de desconocidos y buscando el asentimiento de un público ignorante; infame aquel que, cansado de vivir más que de trabajar, se desploma entre sus propios compromisos; infame aquel que el heredero, retenido durante mucho tiempo, se burla mientras muere dedicándose a sus cuentas. No puedo dejar de mencionar un ejemplo que me viene a la mente: Sexto Turranio, un viejo de gran conciencia, después de noventa años, habiendo recibido inesperadamente de Cayo César la exoneración de la procuraduría, dio instrucciones de ser colocado en la cama y ser llorado como muerto por la familia. La casa lloraba la inactividad del viejo amo y no cesó el luto hasta que le fue devuelto el trabajo. ¿Es tan placentero morir ocupado? La mayoría de las personas tiene el mismo estado de ánimo: en ellos persiste más tiempo el deseo que la capacidad de trabajar; luchan contra la decadencia del cuerpo y juzgan gravosa la misma vejez porque los aparta. La ley no llama a las armas después de los cincuenta años, no convoca al senador

De la brevedad de la vida

después de los sesenta: los hombres obtienen el descanso más difícilmente de sí mismos que de la ley. Mientras tanto, mientras se roban unos a otros, mientras se quitan mutuamente la paz, mientras se hacen infelices unos a otros, la vida pasa sin fruto, sin placer, sin ningún progreso del espíritu: nadie tiene la muerte frente a los ojos, nadie no proyecta lejos sus propias esperanzas, algunos incluso planean cosas que van más allá de la vida, construyen grandes tumbas, dedican obras públicas, organizan juegos fúnebres y exequias suntuosas. Pero ciertamente los funerales de estos, como si hubieran vivido muy poco, deben celebrarse a la luz de antorchas y cirios.

CAMINO DE 30 DÍAS PARA APRENDER A VIVIR EL PRESENTE

Un camino de 30 días para aprender a vivir el momento presente representa un viaje hacia una conciencia más profunda de uno mismo y de su entorno. En una época dominada por la tecnología y ritmos frenéticos, a menudo nos encontramos inmersos en preocupaciones por el futuro o rumiaciones sobre el pasado, descuidando el aquí y ahora que es el único momento real del que disponemos. Este camino tiene como objetivo reconectarnos con el presente a través de una serie de desafíos diarios diseñados para educar la mente a estar más atenta y presente en el momento presente.

La práctica de vivir en el presente es esencial para mejorar la calidad de nuestra vida cotidiana. Demasiado a menudo estamos distraídos por pensamientos ansiosos sobre el futuro o arrepentimientos respecto al pasado, perdiendo de vista lo que está sucediendo en el presente. Aprender a vivir en el momento nos permite reducir el estrés, mejorar la concentración y apreciar más las experiencias de cada día. Cuando estamos plenamente conscientes del momento presente, somos más capaces de gestionar nuestras emociones y reacciones, mejorando así las relaciones interpersonales y nuestra salud mental.

Los desafíos propuestos en este camino incluyen prácticas como la meditación, la escucha activa, la reflexión personal y la exploración de la naturaleza. Estas actividades están diseñadas para ayudarte a desarrollar una mayor atención al presente, mejorando gradualmente tu capacidad de estar presente en las diferentes situaciones cotidianas. Por ejemplo, la meditación te enseña a enfocar tu mente en la respiración y las sensaciones corporales, mientras que la escucha activa mejora tus habilidades comunicativas y empáticas.

De la brevedad de la vida

Los beneficios de vivir en el presente son múltiples. En primer lugar, reduce el estrés y la ansiedad relacionados con la preocupación por el futuro y los arrepentimientos por el pasado. Cuando nos concentramos en el aquí y ahora, somos capaces de aprovechar mejor las oportunidades que se presentan y reaccionar con mayor serenidad a los desafíos cotidianos. Además, la conciencia del presente mejora la calidad de nuestras interacciones sociales, porque estamos más presentes y atentos a los demás, fortaleciendo así las relaciones personales y profesionales.

La práctica de la conciencia plena también nos permite apreciar más las pequeñas alegrías de la vida cotidiana, como una puesta de sol, una conversación con un amigo o una comida en familia. Cuando estamos plenamente inmersos en el presente, logramos experimentar estas experiencias de manera más intensa y gratificante.

De la brevedad de la vida

Aprender a vivir en el momento presente es una habilidad que puede transformar radicalmente nuestra vida. Nos hace más felices, más tranquilos y más en sintonía con nosotros mismos y con los demás. El camino propuesto es una invitación a explorar y cultivar esta capacidad, a través de pequeños pasos diarios que pueden llevar a cambios profundos y duraderos en nuestra percepción del mundo y de nosotros mismos.

Aquí tienes el camino de 30 días para aprender a vivir el presente:

1: Respiración consciente
Tómate 10 minutos para concentrarte solo en tu respiración. Siente el aire entrar y salir, sin modificar el ritmo.

2: Caminata meditativa
Haz una caminata de 15 minutos concentrándote en cada paso. Siente el contacto de los pies con el suelo.

3: Escucha activa

Durante una conversación, escucha atentamente sin pensar en tu respuesta. Enfócate solo en las palabras de la otra persona.

4: Alimentación consciente

Come una comida lentamente, saboreando cada bocado y notando los sabores, las texturas y los olores.

5: Reflexión matutina

Tómate 5 minutos en la mañana para reflexionar sobre las cosas por las que estás agradecido. Escríbelas en un cuaderno.

6: Desconexión digital

Pasa una hora sin dispositivos electrónicos. Observa cómo te sientes sin las distracciones digitales.

7: Escaneo corporal

Acuéstate y dedica 10 minutos a percibir cada parte de tu cuerpo, desde la cabeza hasta los pies, notando las sensaciones.

8: Meditación del sonido
Siéntate tranquilamente y concéntrate en los sonidos a tu alrededor. No juzgues, solo escucha.

9: Visualización positiva
Imagina un lugar que te relaje. Cierra los ojos y visualiza cada detalle, como si estuvieras allí.

10: Escritura reflexiva
Escribe durante 10 minutos sin detenerte sobre cómo te sientes en ese momento. No releas ni corrijas.

11: Rutina diaria consciente
Elige una parte de tu rutina diaria (como cepillarte los dientes) y ejecútala con total conciencia.

12: Naturaleza
Pasa 15 minutos en un parque o jardín, observando la naturaleza, los colores, los sonidos y los aromas.

13: Meditación guiada
Encuentra una meditación guiada de 10-15 minutos y síguela, concentrándote en las indicaciones del instructor.

14: Noche de sueño
Antes de dormir, apaga todos los dispositivos y lee un libro o practica una breve meditación para relajarte.

15: Hacer algo nuevo
Prueba una nueva actividad o hobby durante 30 minutos, prestando atención a cada detalle y sensación.

16: Limpieza consciente
Durante las tareas domésticas, concéntrate en los movimientos y las sensaciones de tu cuerpo.

17: Pausa consciente
Durante el día, tómate una pausa de 5 minutos para sentarte tranquilamente y observar tu respiración.

18: Meditación caminando
Haz una caminata concentrándote en cada paso y en los movimientos de tu cuerpo.

19: Reflexión nocturna
Antes de dormir, reflexiona sobre tres cosas positivas que hayan sucedido durante el día.

20: Crear algo
Dedica 30 minutos a una actividad creativa como dibujar, pintar o escribir. Concentra toda tu atención en ella.

21: Yoga o estiramientos
Haz 15 minutos de yoga o estiramientos, concentrándote en la respiración y en las sensaciones de tu cuerpo.

22: Aromaterapia
Usa aceites esenciales o una vela perfumada, concentrándote en los aromas y en cómo te hacen sentir.

Giorno 23: Sonrisa consciente

Sonríe a tres personas hoy, prestando atención a sus reacciones y a cómo te sientes.

24: Meditación de la bondad
Dedica 10 minutos a una meditación de bondad amorosa, enviando pensamientos positivos a ti mismo y a los demás.

25: Actividad física consciente
Haz 20 minutos de ejercicio físico, prestando atención a cada movimiento y sensación de tu cuerpo.

26: Reducción de distracciones
Pasa 30 minutos trabajando o estudiando sin ninguna distracción, como teléfonos o notificaciones.

27: Tiempo con los animales
Si tienes una mascota, pasa 15 minutos jugando o acariciándola, prestando atención al momento presente.

28: Meditación de la sonrisa

Siéntate tranquilamente y piensa en algo que te haga sonreír. Concéntrate en esa sensación de alegría.

29: Escuchar música

Dedica 15 minutos a escuchar música relajante, concentrándote solo en los sonidos y en las emociones que suscitan.

30: Planificación futura consciente

Dedica 20 minutos a planificar tu semana, pero sin preocuparte. Sé presente y positivo respecto a lo que has programado.

Estos desafíos diarios te ayudarán a desarrollar una mayor conciencia del presente, mejorando tu capacidad de vivir en el momento. Practicarlos e incorporarlos en tu rutina te llevará a comprender día tras día el valor del momento presente.

¡Buen viaje y buen presente!

LOS CONSEJOS SOBRE LA LONGEVIDAD DE LOS PUEBLOS DEL MUNDO

La búsqueda de la longevidad ha fascinado a la humanidad durante siglos. Sin embargo, solo recientemente la ciencia y la epidemiología han comenzado a desvelar los secretos detrás de una vida larga y saludable. Pueblos dispersos en diferentes partes del mundo, conocidos por su longevidad excepcional, ofrecen valiosas ideas y modelos de vida que pueden ser adoptados incluso por aquellos que viven en contextos diferentes. Estas comunidades, a menudo denominadas "zonas azules", demuestran que no existe un único elixir de larga vida, sino una combinación de factores que, cuando se armonizan, pueden aumentar significativamente la esperanza de vida.

Las "zonas azules" han sido identificadas en regiones específicas como Okinawa en Japón, Cerdeña en Italia, Nicoya en Costa Rica, Icaria en Grecia y Loma Linda en

De la brevedad de la vida

California, EE. UU. Cada una de estas áreas tiene sus peculiaridades culturales, alimentarias y sociales, pero comparten algunos rasgos comunes que parecen ser fundamentales para una vida larga y saludable. No se trata solo de genética, sino también y sobre todo de estilo de vida.

Por ejemplo, los habitantes de Okinawa siguen una dieta rica en pescado, tofu, verduras y algas, y practican el "hara hachi bu", un principio que implica comer hasta estar satisfecho al 80%. En Cerdeña, particularmente en la región de Barbagia, una combinación de dieta mediterránea, trabajo físico diario y fuertes lazos familiares contribuyen a la longevidad. Los nicoyanos de Costa Rica se benefician de una alimentación basada en maíz, frijoles y frutas frescas, junto con un ritmo de vida menos frenético y un sólido apoyo comunitario.

En Icaria, Grecia, la alimentación mediterránea se integra con hierbas silvestres y té, y la población disfruta de siestas vespertinas y una vida social activa. En Loma Linda, una comunidad de Adventistas del Séptimo Día sigue una dieta vegetariana o vegana, evita el alcohol y el tabaco, y participa activamente en prácticas religiosas que favorecen un estilo de vida saludable y un fuerte apoyo social.

Estas poblaciones no solo viven más tiempo, sino que también envejecen mejor, con una incidencia reducida de enfermedades crónicas como el cáncer, las enfermedades cardiovasculares y la diabetes. Su longevidad se atribuye a una combinación de dieta equilibrada, actividad física regular, fuertes lazos sociales, manejo del estrés y un sentido de propósito en la vida.

La parte del libro que están a punto de leer explorará en detalle los hábitos y consejos de estos pueblos longevos. No se trata de copiar exactamente su estilo de vida, sino de inspirarse para mejorar nuestra salud y bienestar. Adoptando algunas de sus prácticas, podemos acercarnos un poco más a una vida larga, saludable y satisfactoria. Todos buscamos una vida llena de significado, y ¿quién mejor que aquellos que ya han alcanzado una longevidad extraordinaria para ofrecernos la guía y la inspiración necesarias?

Buen viaje en la longevidad.

GIAPPONE

Japón es conocido por tener una de las expectativas de vida más altas del mundo, con muchos ciudadanos que superan los 100 años. Diversas razones contribuyen a esta extraordinaria longevidad, que están relacionadas con una combinación de factores culturales, dietéticos, sociales y sanitarios.

Uno de los principales factores de la longevidad japonesa es la dieta tradicional, rica en pescado, arroz, verduras, soya y frutas. El consumo de pescado proporciona ácidos grasos omega-3, esenciales para la salud cardiovascular. La soya, presente en alimentos como el tofu y el natto, es una fuente importante de proteínas vegetales y tiene beneficios para el corazón. Además, el consumo moderado de arroz integral y té verde aporta antioxidantes, que combaten el envejecimiento celular.

Los habitantes de Okinawa, una de las regiones más longevas de Japón, practican el "hara hachi bu", un principio que invita a comer hasta sentirse satisfecho al 80%. Este hábito ayuda a prevenir la obesidad y las enfermedades relacionadas, contribuyendo a mantener un peso corporal saludable y a reducir el estrés metabólico.

La cultura japonesa fomenta la actividad física regular. Muchos japoneses caminan o van en bicicleta diariamente. Los ancianos participan en ejercicios grupales y practican artes marciales ligeras como el tai chi, que mejoran el equilibrio, la flexibilidad y la fuerza.

Las fuertes relaciones sociales y el sentido de comunidad son otros elementos clave. Los japoneses valoran la familia y el apoyo mutuo entre amigos y vecinos. Este sentido de pertenencia y apoyo emocional es crucial para la salud mental y física.

Japón cuenta con un sistema sanitario excelente, accesible y de alta calidad. Los controles médicos regulares y una gran atención a la prevención ayudan a detectar y tratar tempranamente muchas enfermedades. Además, la población tiene acceso a tecnologías médicas avanzadas y a una educación sanitaria eficaz.

Los japoneses han desarrollado técnicas eficaces de manejo del estrés, como la meditación y la práctica del "baño de bosque" (shinrin-yoku), que implica pasar tiempo en la naturaleza para reducir el estrés y mejorar el bienestar psicológico.

De la brevedad de la vida

Seguir una dieta similar a la japonesa, rica en pescado, verduras, soya y arroz integral, puede mejorar significativamente la salud. Reducir el consumo de carne roja y alimentos procesados es igualmente importante. Aprender a comer hasta sentirse satisfecho al 80% puede ayudar a prevenir el exceso de peso y las enfermedades metabólicas. Esta práctica fomenta la conciencia alimentaria y el control de las porciones. Integrar la actividad física en la rutina diaria, ya sea caminando, en bicicleta o en ejercicios grupales, puede mejorar la salud cardiovascular y muscular, además de reducir el riesgo de enfermedades crónicas.

Valorar las relaciones sociales y crear un fuerte sentido de comunidad puede mejorar la salud mental y proporcionar apoyo emocional, reduciendo el estrés y el aislamiento. Adoptar técnicas de manejo del estrés como la meditación, el yoga o pasar tiempo en la naturaleza puede mejorar el bienestar psicológico y físico.

De la brevedad de la vida

Invertir en la prevención y en el acceso a cuidados médicos de calidad es fundamental. Realizar controles regulares y seguir una buena educación sanitaria pueden contribuir a una vida larga y saludable.

En resumen, la longevidad japonesa es el resultado de un estilo de vida equilibrado, que integra una dieta saludable, la actividad física, el apoyo social y una gestión eficaz del estrés. Adoptando estos principios, podemos mejorar significativamente nuestra calidad de vida y nuestra salud a largo plazo.

SARDEGNA

La población de Cerdeña es una de las más longevas del mundo, con un notable porcentaje de centenarios en comparación con otras regiones. Diversos factores contribuyen a esta extraordinaria longevidad, que están arraigados en el estilo de vida, la dieta, las tradiciones culturales y las características genéticas de la población sarda.

Uno de los principales factores es la dieta tradicional sarda, caracterizada por alimentos frescos y naturales. La dieta incluye una gran cantidad de verduras, legumbres, frutas, cereales integrales, lácteos y carne magra, especialmente de cerdo. El pan tradicional, como el "pane carasau", y los quesos locales, como el pecorino, son componentes esenciales. Los sardos también consumen una cantidad moderada de vino tinto, rico en antioxidantes beneficiosos para el corazón.

La actividad física diaria es otro elemento fundamental. Muchos sardos, especialmente en las zonas rurales, mantienen un estilo de vida activo, trabajando en los campos o pastoreando el ganado. Incluso los ancianos participan en actividades físicas ligeras como caminatas, jardinería y tareas domésticas, que ayudan a mantener el cuerpo en buena salud.

De la brevedad de la vida

El fuerte sentido de comunidad y las relaciones sociales sólidas son cruciales para la longevidad sarda. Las familias extendidas son comunes, y los ancianos son respetados e integrados en la vida familiar y social. Este apoyo emocional y social ayuda a reducir el estrés y promueve el bienestar mental.

Las tradiciones culturales y religiosas desempeñan un papel importante en proporcionar un sentido de propósito y pertenencia. Las fiestas religiosas, los rituales y las celebraciones comunitarias fortalecen los lazos sociales y ofrecen oportunidades de compartir e interactuar.

Otro aspecto interesante es la componente genética. Estudios genéticos han sugerido que los sardos poseen variantes genéticas que podrían contribuir a su longevidad. Sin embargo, la genética por sí sola no puede explicar completamente la longevidad, y probablemente sea la interacción entre genes y ambiente la que desempeñe un papel clave.

Las enseñanzas que podemos obtener de los sardos son múltiples. Adoptar una dieta equilibrada, rica en alimentos frescos y naturales, puede mejorar nuestra salud y reducir el riesgo de enfermedades crónicas. La importancia de una actividad física regular, incluso ligera, es fundamental para mantener el cuerpo en forma y prevenir el envejecimiento prematuro.

Valorar las relaciones sociales y el sentido de comunidad puede mejorar nuestro bienestar emocional y mental. Crear y mantener lazos fuertes con la familia y los amigos puede proporcionar el apoyo necesario para enfrentar las dificultades de la vida.

Finalmente, encontrar un sentido de propósito y participar en tradiciones culturales y religiosas puede contribuir a una vida larga y satisfactoria. La espiritualidad y las celebraciones comunitarias ofrecen momentos de reflexión y conexión que son vitales para el bienestar general.

La longevidad sarda es el resultado de un conjunto de factores que incluyen una dieta saludable, un estilo de vida activo, fuertes lazos sociales, tradiciones culturales y posibles ventajas genéticas. Aprender de estos aspectos e integrarlos en nuestra vida diaria puede ayudarnos a vivir de manera más saludable y satisfactoria.

LIMONE SUL GARDA

Permaneciendo en Italia, los habitantes de Limone sul Garda, un pintoresco pueblo situado a orillas del Lago de Garda en Italia, se encuentran entre los más longevos del país. La longevidad excepcional de esta comunidad puede atribuirse a una combinación de factores genéticos, ambientales, dietéticos y de estilo de vida.

De la brevedad de la vida

Uno de los principales factores distintivos de Limone sul Garda es el descubrimiento de una variante genética particular presente en algunos habitantes del pueblo. En los años setenta, se descubrió una proteína llamada ApoA-1 Milano, que contribuye a mantener niveles saludables de colesterol en la sangre y a prevenir enfermedades cardiovasculares. Esta variante genética es rara y parece conferir una protección natural contra las patologías cardíacas, que son una de las principales causas de mortalidad en el mundo. Los individuos portadores de esta proteína tienen una probabilidad significativamente menor de desarrollar problemas cardiovasculares, contribuyendo así a su longevidad.

El entorno de Limone sul Garda juega un papel crucial en la salud de los habitantes. El pueblo está situado en una región con un clima templado y saludable, que favorece un estilo de vida activo al aire libre. Los habitantes disfrutan de aire limpio y de un entorno natural que promueve el bienestar físico y mental. La proximidad al lago ofrece oportunidades para actividades físicas como la natación, la caminata y el ciclismo, todas ellas asociadas a una vida más larga y saludable.

Un elemento particular de Limone sul Garda es el cultivo de limones, que florecen abundantemente en el pueblo. Los limones son conocidos por sus propiedades beneficiosas para la salud, entre ellas un alto contenido de vitamina C, que puede mejorar el sistema inmunológico, y compuestos antioxidantes que pueden reducir la inflamación y prevenir enfermedades crónicas. El consumo regular de limones podría contribuir a la longevidad gracias a sus efectos positivos sobre la salud.

La dieta mediterránea seguida por los habitantes de Limone sul Garda es otro factor clave. Esta dieta es rica en frutas, verduras, aceite de oliva, pescado y frutos secos, y baja en alimentos procesados y azúcares refinados. El consumo regular de alimentos frescos y nutritivos ayuda a mantener el cuerpo sano, reduciendo el riesgo de enfermedades crónicas como la diabetes, la obesidad y las enfermedades cardíacas. El aceite de oliva, en particular, es conocido por sus beneficios cardiovasculares y antiinflamatorios.

Otro aspecto significativo es el estilo de vida activo y la fuerte cohesión social de la comunidad. Los habitantes de Limone sul Garda tienden a mantener un alto nivel de actividad física diaria, que incluye no solo el ejercicio formal sino también actividades cotidianas como el trabajo en los jardines y el cuidado de sus casas. Además, las relaciones sociales fuertes y el sentido de comunidad proporcionan apoyo emocional y reducen el estrés, ambos factores cruciales para una vida larga y sana.

De los habitantes de Limone sul Garda podemos aprender varias lecciones valiosas. En primer lugar, la importancia de una dieta equilibrada y rica en nutrientes, que puede tener un impacto significativo en la salud a largo plazo. Integrar más frutas, verduras, pescado y aceite de oliva en nuestra dieta diaria puede contribuir a mejorar nuestro bienestar. Además, el consumo de limones, con sus propiedades beneficiosas, podría ser una adición saludable a nuestra alimentación.

En segundo lugar, la actividad física regular es esencial para mantener el cuerpo en forma y prevenir enfermedades. Incluso actividades cotidianas simples como caminar, hacer jardinería o andar en bicicleta pueden hacer una gran diferencia.

Finalmente, la cohesión social y el apoyo emocional son fundamentales para la longevidad. Cultivar relaciones fuertes con la familia y la comunidad puede proporcionar el apoyo necesario para enfrentar los desafíos de la vida y mejorar el bienestar mental.

En resumen, la longevidad de los habitantes de Limone sul Garda es el resultado de una combinación de factores genéticos, ambientales, dietéticos y de estilo de vida. Adoptando algunas de sus prácticas saludables, podemos esperar mejorar nuestra calidad de vida y potencialmente prolongar nuestra duración de vida.

COSTA RICA

El pueblo de Costa Rica, en particular los habitantes de la península de Nicoya, se encuentra entre los más longevos del mundo. Esta región es una de las llamadas "zonas azules", áreas geográficas donde las personas viven significativamente más tiempo en comparación con la media global. Hay varios factores que contribuyen a esta longevidad, incluidos la dieta, el estilo de vida, la genética y el apoyo social. Analicemos las causas principales de esta longevidad y lo que podemos aprender de los costarricenses.

De la brevedad de la vida

En primer lugar, la dieta desempeña un papel crucial en la salud y la longevidad de los habitantes de Nicoya. Su alimentación se basa principalmente en alimentos no procesados y ricos en nutrientes. Consumen muchos cereales integrales, legumbres, frutas, verduras, batatas y una cantidad moderada de pescado. Los frijoles negros y el maíz, en particular, son alimentos básicos de su dieta. Estos alimentos proporcionan una fuente rica de fibra, antioxidantes y proteínas vegetales, que ayudan a mantener el cuerpo sano y a prevenir enfermedades crónicas como la diabetes y las enfermedades cardíacas.

Otro aspecto significativo es la actividad física. Los habitantes de Nicoya tienden a ser físicamente activos durante toda su vida. Muchos de ellos continúan trabajando en los campos o realizando actividades físicas incluso en la vejez. Esta actividad regular contribuye a mantener el cuerpo fuerte, mejorar la circulación y prevenir la obesidad y otras condiciones relacionadas con el sedentarismo.

La comunidad y las relaciones sociales fuertes son otro factor determinante. Los ancianos de Nicoya mantienen un papel activo dentro de sus familias y la comunidad. Las relaciones intergeneracionales son comunes, con los miembros de la familia cuidándose mutuamente. Este apoyo social reduce el estrés, aumenta el sentido de pertenencia y contribuye a un bienestar emocional estable, todos elementos que pueden influir positivamente en la longevidad.

Otro elemento importante es el enfoque relajado hacia la vida y una mentalidad positiva. Los costarricenses tienen un concepto llamado "pura vida", que se traduce como "vida pura" o "vida simple". Esta actitud fomenta una visión positiva de la vida, el optimismo y el disfrute de las cosas simples. Reducir el estrés y tener una actitud positiva son factores cruciales para mantener una buena salud mental y física.

Finalmente, el acceso a cuidados de salud básicos juega un papel esencial. Costa Rica tiene un sistema de salud pública accesible y de buena calidad, que permite a los habitantes recibir cuidados preventivos y tratamientos médicos necesarios. Este acceso facilita un diagnóstico temprano y un tratamiento eficaz de las enfermedades, contribuyendo así a una mayor longevidad.

¿Qué podemos aprender de los costarricenses? En primer lugar, la importancia de una dieta equilibrada y basada en alimentos no procesados. Integrar más legumbres, cereales integrales, frutas y verduras en nuestra alimentación puede mejorar significativamente nuestra salud.
En segundo lugar, mantener una actividad física regular es esencial. No es necesario hacer ejercicios intensos, pero actividades moderadas y constantes como caminar,

hacer jardinería u otras actividades diarias pueden marcar una gran diferencia.

Las relaciones sociales fuertes y el apoyo de la comunidad son fundamentales. Cultivar relaciones estrechas con la familia y los amigos, y participar activamente en la vida de la comunidad, puede mejorar nuestro bienestar emocional y reducir el estrés.

Adoptar una mentalidad positiva y reducir el estrés son igualmente importantes. Tomar ejemplo del concepto de "pura vida" puede ayudarnos a disfrutar más de la vida y a mantener una salud mental equilibrada.

Finalmente, el acceso a cuidados de salud preventivos y de calidad es crucial. Hacerse chequeos regulares y tomar medidas preventivas para nuestra salud puede contribuir a una vida más larga y saludable.

En resumen, la combinación de dieta, actividad física, apoyo social, mentalidad positiva y acceso a cuidados de salud de calidad son las claves de la longevidad del pueblo de Costa Rica. Adoptar algunas de estas prácticas en nuestra vida diaria puede ayudarnos a mejorar nuestra salud y a vivir más tiempo.

PAKISTÁN

El pueblo de los Hunza, que vive en el valle de Hunza en Pakistán, es frecuentemente citado por su excepcional longevidad y salud. Los Hunza son conocidos no solo por vivir mucho tiempo, sino también por mantener un nivel de bienestar físico y mental extraordinario hasta edades avanzadas. Diversos factores contribuyen a esta longevidad, incluyendo la dieta, el estilo de vida, el entorno y los factores genéticos. Veamos con más detalle las causas principales de su longevidad y lo que podemos aprender de ellos.

Uno de los factores más significativos es su dieta. Los Hunza siguen una dieta principalmente vegetariana, rica en frutas y verduras frescas, cereales integrales, legumbres y una cantidad moderada de lácteos. Consumen también albaricoques en grandes cantidades, tanto frescos como secos, y utilizan el aceite de albaricoque como fuente de grasa. Esta dieta es naturalmente rica en vitaminas, minerales, antioxidantes y fibra, y baja en azúcares refinados y grasas saturadas. Los Hunza beben mucha agua de manantial rica en minerales, que contribuye a una buena hidratación y a una salud óptima.

La actividad física diaria es otro elemento clave. Los Hunza son tradicionalmente agricultores y pastores, y su vida diaria requiere un alto nivel de actividad física. Caminan mucho, trabajan en los campos y realizan actividades manuales que mantienen su cuerpo en forma. Este tipo de ejercicio físico regular y moderado es esencial para mantener un buen estado de salud y prevenir enfermedades crónicas.

El entorno natural en el que viven juega un

papel importante. El valle de Hunza está situado a gran altitud, con aire limpio y libre de contaminación. El clima es generalmente frío, lo que podría contribuir a fortalecer el sistema inmunológico. Además, vivir en un entorno natural y tranquilo reduce el estrés y promueve una sensación de bienestar.

Los Hunza también tienen una fuerte cohesión social y una comunidad solidaria. Las relaciones familiares y sociales son estrechas y hay un gran respeto por los ancianos. Este apoyo social contribuye a una buena salud mental y a un sentido de pertenencia y seguridad, que son esenciales para la longevidad. La mentalidad y los hábitos de vida de los Hunza están orientados hacia la simplicidad y la moderación. Tienden a vivir una vida simple y tranquila, con pocas preocupaciones materiales y un bajo nivel de estrés. Esta actitud positiva y relajada hacia la vida es un factor importante para mantener una buena salud.

De la brevedad de la vida

Finalmente, los factores genéticos también podrían contribuir a su longevidad. Sin embargo, está claro que el estilo de vida y los hábitos diarios juegan un papel crucial.

De los Hunza podemos aprender a seguir una dieta equilibrada rica en frutas y verduras, cereales integrales y legumbres, reduciendo la ingesta de azúcares refinados y grasas saturadas. Incorporar ejercicio físico moderado y regular en nuestra rutina diaria es esencial para mantener un buen estado de salud. Tratar de vivir en un entorno con aire limpio y poca exposición a sustancias contaminantes puede tener un impacto positivo en nuestra salud. Cultivar relaciones familiares y sociales estrechas y solidarias puede mejorar nuestro bienestar emocional y mental. Adoptar una vida más simple y menos estresante, con un enfoque en la moderación y el bienestar mental, puede contribuir a una vida más larga y saludable.

Los Hunza nos ofrecen un modelo de vida

que enfatiza la salud natural a través de la dieta, la actividad física, el entorno limpio, el apoyo social y una mentalidad positiva. Adoptar incluso solo algunos de estos principios puede ayudarnos a mejorar nuestra calidad de vida y promover la longevidad.

De la brevedad de la vida

EJERCICIOS PARA COMPRENDER LA BREVEDAD DE LA VIDA

Vivimos en un mundo donde el tiempo parece pasar cada vez más rápido, consumiendo los días sin dejarnos tiempo para reflexionar sobre la profundidad de nuestra existencia. A menudo, nos encontramos inmersos en las preocupaciones diarias y en los ritmos frenéticos de la vida moderna, olvidando que cada instante es precioso e irrepetible. Comprender la brevedad de nuestra vida no es solo una reflexión filosófica, sino una invitación a vivir con consciencia y gratitud por cada momento que se nos concede.

Los ejercicios para comprender la brevedad de nuestra existencia ofrecen un camino de introspección y crecimiento personal, invitándonos a explorar el significado de nuestra vida y a vivir de manera más auténtica y satisfactoria. Uno de los enfoques más poderosos es la meditación sobre la muerte, una práctica antigua que no solo nos ayuda a contemplar nuestra mortalidad, sino también a valorar la vida en su conjunto. Imaginar nuestro propio fallecimiento o reflexionar sobre la naturaleza transitoria de la vida nos impulsa a vivir con mayor intencionalidad y a no dar nada por sentado.

Además de la meditación sobre la muerte, la atención plena del momento presente es otra herramienta eficaz. Esta nos invita a estar plenamente presentes en nuestras actividades cotidianas, como comer, caminar o interactuar con los demás. Esto nos permite experimentar el flujo del tiempo y apreciar la belleza del momento presente, conscientes de que cada momento es una oportunidad única de vida.

Escribir un diario sobre la vida es una manera de registrar nuestros pensamientos, sentimientos y reflexiones personales sobre la brevedad de la existencia. Este ejercicio no solo nos ayuda a explorar nuestra relación con el tiempo, sino también a reconectarnos con nuestras prioridades y a vivir de acuerdo con nuestros valores más profundos.

Las prácticas espirituales y filosóficas también ofrecen perspectivas valiosas sobre la brevedad de la vida. Diversas tradiciones enseñan técnicas para enfrentar la mortalidad y encontrar significado y propósito en nuestra existencia. Conversar con personas mayores o con experiencia de vida puede ofrecer perspectivas y enseñanzas adicionales sobre la brevedad de la vida y cómo enfrentar los desafíos existenciales con sabiduría y serenidad.

Además, participar en ritos y celebraciones que recuerdan la transitoriedad de la vida, como funerales o ceremonias de paso, puede ser un momento poderoso de reflexión y conexión con la realidad de nuestra existencia.

De la brevedad de la vida

Estos ejercicios no son simplemente ejercicios mentales, sino herramientas prácticas para vivir una vida más consciente, intencional y significativa. Nos invitan a ralentizar, a reflexionar sobre nuestro camino y a reconocer la belleza y el valor de cada instante que se nos da. A través de estos enfoques, podemos aprender a navegar nuestro camino con más gratitud, sabiduría y resiliencia, acogiendo la brevedad de nuestra existencia como una invitación a vivir plenamente y profundamente.

Sí, existen varios ejercicios y prácticas que pueden ayudar a comprender la brevedad de nuestra existencia y a vivir más conscientemente. Aquí tienes algunos ejemplos:

Meditación sobre la muerte:

Este ejercicio implica la reflexión profunda sobre nuestra propia mortalidad. Se puede practicar imaginando nuestro propio fallecimiento o reflexionando sobre la naturaleza transitoria de la vida.

Atención plena del momento presente:

Concentrarse en el aquí y ahora ayuda a percibir el flujo del tiempo y la fugacidad de los instantes. Puede incluir la práctica de la consciencia durante actividades cotidianas como comer o caminar.

Escritura de un diario sobre la vida:

Llevar un diario en el que se anoten pensamientos, sentimientos y reflexiones sobre la propia vida y el paso del tiempo puede aumentar la consciencia de la brevedad de la existencia.

Análisis de las prioridades:

Examinar y reconsiderar nuestras prioridades y cómo empleamos el tiempo puede ayudar a enfocarnos en las cosas más significativas y valorar cada momento.

De la brevedad de la vida

Prácticas espirituales y filosóficas:

Diversas tradiciones espirituales y filosóficas enseñan técnicas para enfrentar la mortalidad y vivir una vida plena y consciente.

Conversaciones significativas:

Hablar con personas mayores o con experiencia de vida puede ofrecer perspectivas valiosas sobre la brevedad de la vida y cómo enfrentar los desafíos existenciales.

Ritos y celebraciones:

Participar en ritos o celebraciones que recuerdan la transitoriedad de la vida, como funerales o ceremonias de paso, puede ser una manera poderosa de reflexionar sobre nuestra existencia.

Estos ejercicios no solo ayudan a comprender mejor la brevedad de la vida, sino que también pueden llevar a una mayor gratitud, consciencia y sentido de propósito en la vida diaria. Aplicarlos en nuestra rutina diaria conducirá a un proceso de consciencia del momento presente.

 EL SECRETO DE LA FELICIDAD

Con estas últimas palabras finales, te felicito por la lectura y te envío energías positivas y unas palabras que, si las entiendes, te revelarán el secreto de la felicidad.

No te conozco, pero sé perfectamente que posees internamente una poderosa energía de luz blanca.

Esta es una fuerza interior que debe intensificarse. Si comprendes la fuerza del amor, te volverás invencible.

Con estas palabras, quiero hacerte comprender la importancia de hacer el bien, primero a ti mismo y luego a los demás.

Si quieres alejar el sufrimiento y la negatividad de ti mismo y comenzar un camino hacia la serenidad y la felicidad, existe un único y poderoso secreto: ayudar y hacer el bien a todos los que encuentres en tu camino vital.

Según psicólogos renombrados, hacer el bien a los demás provoca una gratificación personal y activa mecanismos cerebrales relacionados con el placer. Estas gratificaciones son tan poderosas que reducen el estrés, aumentan la autoestima y mejoran el estado de ánimo.

Además, el altruismo contribuye a crear vínculos más sólidos y sinceros con las personas a tu alrededor, fortaleciendo tus conexiones sociales.

Otra motivación es darle un significado a tu existencia. Ser un altruista crónico te dará un propósito, llevándote a una realización personal que se traducirá en una mayor felicidad.

Pero no termina aquí, otros estudios han confirmado que tales prácticas influyen positivamente en la salud mental personal, trabajando directamente en la depresión y la ansiedad, promoviendo un bienestar psicológico total.

Sin olvidar el efecto del "círculo virtuoso", es decir, que tu influencia positiva contagiará a otros y tal vez los motive a devolver tus acciones con otras personas, creando así un cambio positivo infinito.

Espero haberte hecho entender que dentro de ti posees un enorme poder, y este don puedes usarlo para ti mismo y compartirlo con los demás.

Empieza desde hoy: sonríe, realiza una buena acción, una pequeña donación, ayuda, comparte, escucha, apoya, una palabra amable. Pero hazlo de manera incondicional.

Cada persona posee características únicas, descubre las tuyas y úsalas para ayudar a quien venga a tu vida.

Podemos iniciar un proceso de cambio

positivo en el mundo, tú y yo juntos. Hoy, ahora, en este momento.

Empieza de inmediato y sentirás una gratificación placentera. Cambiar el mundo comienza contigo, tienes el poder del amor. Úsalo, todos necesitamos tu luz.

Ahora que has comprendido el secreto de la felicidad, absórbelo y compártelo con los demás. La elección es solo tuya.

Yo creo en ti y el mundo necesita tu amor.

ESPACIO FINAL PARA TI

En esta página, exprésate con tus propias palabras. Escribe todo lo que has aprendido de este libro. Libera tu mente, escribe por impulso y relee estas palabras al día siguiente para evaluar lo que has aprendido en este recorrido.

REGALO FINAL / EJERCICIO DE MEDITACIÓN

Ejercicio de Meditación Guiada y Mindfulness para Concentrarse en el Presente

Introducción al ejercicio:

La meditación guiada y la práctica de la mindfulness son herramientas poderosas para ayudar a concentrarse en el momento presente. Este ejercicio está diseñado para guiarte a través de un proceso de conciencia del aquí y ahora, reduciendo el estrés y la ansiedad y mejorando tu bienestar general. Encuentra un lugar tranquilo donde no serás molestado y dedícate completamente a este ejercicio durante unos 15-20 minutos.

Fase 1: Preparación

Encuentra un lugar tranquilo: Siéntate cómodamente en una silla o en un cojín en el suelo. Asegúrate de que tu espalda esté recta pero no rígida. Apoya las manos en las rodillas o en los muslos, con las palmas hacia arriba o hacia abajo, según te resulte más natural.

Cierra los ojos: Cierra suavemente los ojos para reducir las distracciones visuales y comienza a llevar tu atención hacia tu interior.

Fase 2: Conciencia de la Respiración

Concéntrate en la respiración: Comienza a notar tu respiración sin intentar modificarla. Observa el aire que entra y sale por tus fosas nasales. Siente el movimiento de tu pecho y abdomen al respirar.

Cuenta las respiraciones: Cuenta cada respiración, inhalación y exhalación, hasta diez y luego vuelve a empezar desde uno. Si pierdes la cuenta, lleva suavemente tu atención de vuelta a la respiración y comienza de nuevo desde uno. Esto te ayudará a mantenerte concentrado en el presente.

Fase 3: Escaneo Corporal

Empieza por la cabeza: Lleva tu atención a la parte superior de la cabeza y nota cualquier sensación que sientas en esa área. Procede lentamente hacia abajo, pasando por la frente, los ojos, las mejillas, la mandíbula, y así sucesivamente, hasta llegar a los pies.

Observa sin juzgar: Mientras exploras cada parte de tu cuerpo, observa cualquier tensión, dolor o sensación de confort. No intentes cambiar nada, simplemente nota y acepta lo que sientes.

Fase 4: Regreso a la Respiración

Reconéctate con la respiración: Después de completar el escaneo corporal, vuelve a llevar tu atención a la respiración. Observa cómo se siente tu cuerpo ahora, en comparación con el comienzo del ejercicio.

Expande la conciencia: Intenta expandir tu conciencia desde la respiración a todo tu cuerpo que respira. Siente cómo cada parte de tu cuerpo se mueve ligeramente con cada respiración.

Fase 5: Conclusión

Lleva la conciencia al entorno: Lentamente, comienza a llevar tu atención a los sonidos que te rodean. Escucha sin juzgar y sin intentar identificarlos, simplemente nota que están allí.

Abre los ojos: Cuando te sientas listo, abre lentamente los ojos. Tómate un momento para observar el entorno que te rodea con una nueva conciencia.

Reflexión Final

Después de completar el ejercicio, tómate

unos minutos para reflexionar sobre cómo te sientes. Nota si hay una mayor sensación de calma o claridad. Recuerda que la práctica de la mindfulness es un camino continuo; cada vez que practicas, cultivas una mayor conciencia del presente. Integrar este ejercicio en tu rutina diaria puede ayudarte a vivir una vida más plena y presente, reduciendo el estrés y mejorando tu bienestar general.

AGRADECIMIENTOS

Estimado lector,

Deseo expresar mi sincero agradecimiento por haber elegido comprar mi libro. Es un honor para mí saber que has decidido dedicar tu valioso tiempo a leer mis palabras. El tema de la brevedad de la vida, explorado a través de las perspectivas de Séneca y sus sabios consejos, es un asunto de profunda reflexión e importancia universal.

En nuestra frenética sociedad moderna, a menudo nos encontramos inmersos en una serie de compromisos y distracciones que nos alejan de la contemplación de las cuestiones más profundas y significativas de la vida. Séneca, con su sabiduría y su capacidad para explorar temas universales, nos ofrece una guía valiosa para reflexionar sobre la naturaleza transitoria de nuestra existencia. A través de sus palabras, nos invita a considerar la fugacidad del tiempo y la importancia de vivir cada instante con consciencia y gratitud.

El contenido de este libro ha sido pensado con la intención de estimular una reflexión personal y un autoanálisis que puedan conducirte a una mayor comprensión de ti mismo y del mundo que te rodea. Espero sinceramente que las ideas y los consejos expuestos te ayuden a encontrar una perspectiva más profunda sobre tu vida y tus prioridades.

Ya sea que estés comenzando un viaje de descubrimiento personal o que estés buscando profundizar tu comprensión de la filosofía estoica, deseo que este libro pueda ofrecerte no solo conocimientos sino también herramientas prácticas para aplicar las lecciones de Séneca en tu vida cotidiana. Que pueda ser un recurso para guiarte en tu camino hacia una vida más plena, centrada en los valores que realmente importan.

De la brevedad de la vida

Una vez más, te agradezco de corazón por haberme dado la oportunidad de compartir estas ideas y el proyecto de este libro contigo. Tu apoyo y tu interés son el motor que me impulsa a continuar explorando temas significativos y a compartir mi pasión por la filosofía y el pensamiento antiguo, aplicándolos hoy.

Que puedas encontrar inspiración en este libro y que pueda acompañarte en tu camino hacia una vida vivida con consciencia y autenticidad.

Con gratitud y los mejores deseos.

Made in the USA
Columbia, SC
09 September 2024